DIE REIHE
Archivbilder

DER TAUNUS

DICHTER – FÜRSTEN – FOTOGRAFEN

Der Taunus hat Maler und Fotografen gleichermaßen inspiriert. Ein bevorzugtes Motiv waren zum Beispiel Burg und Stadt Kronberg. Der Frankfurter Maler Prof. Heinrich Hasselhorst hat dieses herrliche Kronberger Gemälde in der zweiten Hälfte des 19. Jahrhunderts geschaffen. In Qualität und Thema steht es einer „Spitzweg-Idylle" nicht nach.

DIE REIHE

Archivbilder

DER TAUNUS

DICHTER – FÜRSTEN – FOTOGRAFEN

Rudolf Krönke

SUTTON
VERLAG

Sutton Verlag GmbH
Hochheimer Straße 59
99094 Erfurt
http://www.suttonverlag.de

ISBN 3-89702-498-5

Druck: Midway Colour Print, Wiltshire, England

Inhaltsverzeichnis

Eiszeit auf dem Großen Feldberg, um 1910. Eine Aufnahme wie vom Polarkreis von Franz Schilling.

Einleitung

Der Taunus, eine der schönsten Landschaften Deutschlands, hat immer wieder Maler und Zeichner herausgefordert und inspiriert. Herrliche Gemälde entstanden und insbesondere im 19. Jahrhundert sind uns durch die Frankfurter und Kronberger Schule die schönsten Taunuslandschaften überliefert. Kronberg wurde zum ländlichen Domizil der Taunusmaler und in zahlreichen Publikationen sind ihre Werke in Einzelbiographien oder gemeinsam der Öffentlichkeit, und somit jedem, zugänglich.

Die Fotografien des Taunus dagegen sind nur selten Gegenstand der Forschung geworden. Doch kann man heute nach dem derzeitigen Stand der Untersuchungen feststellen, dass durch die beiden Landschaftsateliers Kehrer und insbesondere Schilling in Königstein Herausragendes geleistet wurde. Hier in Königstein ist die Hochburg der Landschaftsfotografie „par Exellence“ zu suchen.

Die Tradition dieser Ateliers über zwei Generationen hinweg hat ihre Brücke bis in die Gegenwart geschlagen und das auf uns gekommene Material ist in Vielfalt und Qualität weitaus das Beste dieser Art. Noch heute kann man Entdeckungen machen und Aufgabe des vorliegenden Bandes soll es sein, bestehende Lücken zu schließen sowie die Entwicklung der Taunusfotografie aufzuzeigen und einem breiteren Publikum zugänglich zu machen.

Die Geschichte der fotografischen Landnahme des Taunus beginnt relativ spät, um das Jahr 1860, obwohl der Taunus schon viele Jahrzehnte vorher zum beliebten Ausflugsziel, besonders der Frankfurter Bürgerschaft geworden war. Diese hatten den Feldberg längst zu ihrem Hausberg auserkoren und wandelten so auf den berühmten Pfaden ihres größten Sohnes Johann Wolfgang von Goethe oder des beliebten Mundartdichters Friedrich Stoltze. Letzterer war es, der den Taunus durch seine Novelle „Die Flucht von Königstein“ richtig bekannt machte, sodass wenig später Carl Friedrich Mylius unsere Gegend in einer ersten Kampagne bereiste und somit die ältesten Aufnahmen des Taunus besorgte – Incunabeln der Taunusfotografie waren entstanden.

So war die Zeit reif für ortsansässige Fotografen und Franz Schilling (1863-1933) war der Erste, der sich 1885 in Königstein niederließ. Sein Sohn, Walther Schilling (1891-1969), hat das Erbe seines Vaters erfolgreich angetreten. Mit Friedrich Kehrer (1875-1916) entstand ein weiteres Fotostudio. Auch hier war der Sohn Karl Kehrer, geb. 1899, bis 1978 tätig. Beide Ateliers waren Hoffotografen insbesondere des Nassauischen bzw. Badischen Fürstenhauses, und auch Kaiser Wilhelm II. wurde von ihnen „auf die Platte gebannt“, wenn er Bad Homburg und den Taunus besuchte. Über diese Verbindung wurde bereits in „Der Taunus in alten Fotografien“ berichtet.

Jedoch kann man auf die Fotografien einzelner Amateurfotografen nicht verzichten. Ihre Bilder leben vom Erfassen einer Situation oder eines Erlebnisses. Dadurch wurde schon mancher Amateur zum wichtigen Zeitzeugen. In „Königstein in fotografischen Erinnerungen“ wurde ihnen im Kapitel „Die Knipser“ ein besonderes Andenken gewidmet.

Wie haltbar und beständig unsere heutige Farb- und Digitalfotografie sein wird, und wie die derzeitige Bilderflut zu bewältigen ist, kann nur die Zukunft zeigen. Auf Qualität und Ausführung der klassischen alten Schwarz-Weiß-Fotografien werden wir wohl für immer verzichten müssen.

So wird auch dieses Buch zu einem Dokument der Geschichte unserer Taunuslandschaft. Wir erleben ihre Entdeckung und ihre Erschließung noch einmal nach. Verschüttetes Wissen wird noch einmal zu Tage gebracht und der Taunus in seiner Verbindung zu Frankfurt dargestellt. Im Jahre 1908 hat Landrat von Marx im Auftrag des damaligen Obertaunuskreises ein heute sehr gesuchtes Buch herausgegeben. Unter dem Titel „Auf zum Taunus“ war es eine Unternehmung zur Hebung des Verkehrs und Förderung der Besiedlung im südlichen Taunus. Franz Schilling hat fast alle Aufnahmen zu diesem gelungenen Werk geliefert. Die meisten der Originalfotos sind noch im Besitz des Verfassers, und eine erneute Publikation in wenigen Jahren im Bereich der Möglichkeit. – Der Taunus hat immer noch viele Gesichter!

Königstein im Taunus
Rudolf Krönke

Danksagung

An dieser Stelle sage ich meinen herzlichen Dank an Frau Waltraud Herzog, die mir die Archivfotos ihres Großvaters und Vaters, Franz und Walther Schilling, überlassen hat. Den Familien Kehrer danke ich ebenso für Glasplattennegative und Fotos der beiden Fotografengenerationen Friedrich und Karl Kehrer.

Der Stadtarchivarin von Königstein, Frau Beate Großmann-Hofmann, danke ich für geschichtliche Hinweise und die Ausleihe von Archivbildern.

Auf Amateuraufnahmen von Karl Winterer konnte ich dankbar zurückgreifen, da er mir vor Jahren sein Negativarchiv übereignet hat.

Nicht zuletzt danke ich meiner Frau Christina, die die Reinschrift des Buches besorgte.

1
Wenn die Bahn pfeift

„Wann's Bähnche pfeift, gibt's anner Wetter!", lautete Anfang des 20. Jahrhunderts die Prognose „Alter Königsteiner". Dann war nämlich Westwind und man hörte den prophetischen Pfeifton bis in die Stadt. Ansonsten fuhr bereits eine so genannte „Taunus-Eisenbahn" seit 1840 von Frankfurt nach Biebrich und war somit eine der ersten in Deutschland überhaupt. Von Rödelheim nach Kronberg wurde 20 Jahre später ein weiterer Schienenstrang in Betrieb genommen, sozusagen als Abzweigung der älteren Verbindung von Frankfurt nach Bad Homburg. Als endlich vor 100 Jahren im Jahre 1902 die Strecke Höchst–Königstein fertig gestellt wurde, bekamen auch Liederbach, die Kelkheimer Gemeinden und Scheidhain ihren Bahnanschluss. Die wirtschaftliche und touristische Auswirkung aller dieser Unternehmungen war damals für den Taunus von grundlegender Bedeutung.

Carl Hertel fotografierte um 1880 den Frankfurter Hauptbahnhof. Damals fuhr noch eine anfangs belächelte Pferdebahn durch die Stadt, die am 19. Mai 1872 ihren Betrieb aufgenommen hatte.

Franz Schilling machte diese Aufnahme vom Kronberger Bahnhof um 1895.

Hier in Kronberg empfing Kaiser Wilhelm II. am eigens dafür erbauten Fürstenpavillon seine hohen Gäste …

… oder er kam selbst im kaiserlichen Salonwagen an. Seine Mutter, Kaiserin Viktoria, die 1902 verstarb, hatte in Kronberg ihren Witwensitz.

Eine etwas bescheidenere Ankunft am Bahnhof. Kronberger Kinder betätigten sich als Kofferfahrer, um ihr Taschengeld aufzubessern.

Hier von Höchst aus startete vor 100 Jahren, im Februar 1902, die Eisenbahnanbindung nach Königstein. Foto F. Harz.

Etwa um die gleiche Zeit entstanden auch die Höchster Eisenbahnüberführungen und die neue Trassenverbindung weiter in Richtung Frankfurt.

Der Bau der Schienenstrecke erforderte im Jahre 1901 viele Arbeitskräfte. Heute würden große Baumaschinen diese Arbeit übernehmen. Das Foto entstand unweit des späteren Königsteiner Schwimmbades.

Richtfest am Hauptgebäude des Königsteiner Bahnhofs im Jahre 1901. Die Zimmerleute hatten vorzügliche Arbeit geleistet.

Die erste Lok im Königsteiner Bahnhof wurde im Februar 1902 gebührend gefeiert.

Zu ihrem Empfang waren die Honoratioren der Stadt erschienen. Hotelier Friedrich Bender hatte sogar seinen Bernhardiner mit dabei.

Am 24. Februar 1902 nahm die Bahn ihren fahrplanmäßigen Betrieb auf.

Hier erwarten am Bahnhof Münster die Ehrengäste das Eintreffen des ersten Zuges.

Die Fotografen Kehrer und Schilling hatten Hochkonjunktur.

Bis die Herrschaften alle „ausgerichtet" waren, das dauerte wohl seine Zeit.

Nicht übertragbar (siehe Tarif).
Für alle Züge,
für D- u. L-Züge tarifm. Zuschlag.
KÖNIGSTEIN
Frankfurt a. M. Hptbhf.
und zurück
Gültig 45 Tage.
II. Kl. 2,30 M
H R
[illegible]stn. Frankf. a. M. Hptbhf.

Da hatte es Franz Schilling mit der Aufnahme der ersten Fahrkarte wesentlich leichter.

HOTEL PFAFF KÖNIGSTEIN IM TAUNUS
FEST-ESSEN
zur
Eröffnung der Bahn Höchst — Königstein
am 20. Februar 1902.

SPEISENFOLGE.

Schildkrötensuppe

Salm
Kapern-Sose
Kartoffeln

Rost-B[illegible]ten
Geschwungene Kartoffeln
Verschied. Beilagen

Bruchspargel
Kalter Aufschnitt

Franz. Masthuhn
Salat Gem. Dunstobst

Schwedische Bombe

Verschied. Käse und Butter

Auch die Speisekarte vom Festessen im Hotel „Pfaff" ist so der Nachwelt erhalten.

Im Hotel „Pfaff" gab es des Öfteren etwas zu feiern. Kaisers Geburtstag und zum Beispiel die Einweihung des Herzog-Adolph-Denkmals beging man dort entsprechend.

Die „Kleinbahn“ hat sich längst etabliert. Stationsvorsteher Wilhelm Baum vor seinem Bahnhof in Schneidhain im Jahre 1928.

Gleisbauarbeiten am Schneidhainer Bahnhof wurden ebenfalls in den Zwanzigerjahren im Bild festgehalten.

Der Königsteiner Bahnhof um 1910. Rechts ist das Empfangsgebäude für die großherzogliche Nassau-Luxemburgische Familie zu erkennen.

Hier am Fürstenpavillon sehen wir die Luxemburgischen Prinzessinnen, die im Jahre 1907 ihre Großmutter, Großherzogin Adelheid-Marie, auf ihrem Schloss besuchten.

Eine Abreise der besonderen Art. Die englische Besatzung verlässt am 23. September 1929 die Königsteiner Kasernen. Schilling-Fotos, die in der Weltpresse erschienen.

Großer Bahnhof für eine neue Lokomotive. Bis alle richtig auf ihrem Platz saßen, hatte Friedrich Kehrer regelrechte Aufbauarbeit zu leisten.

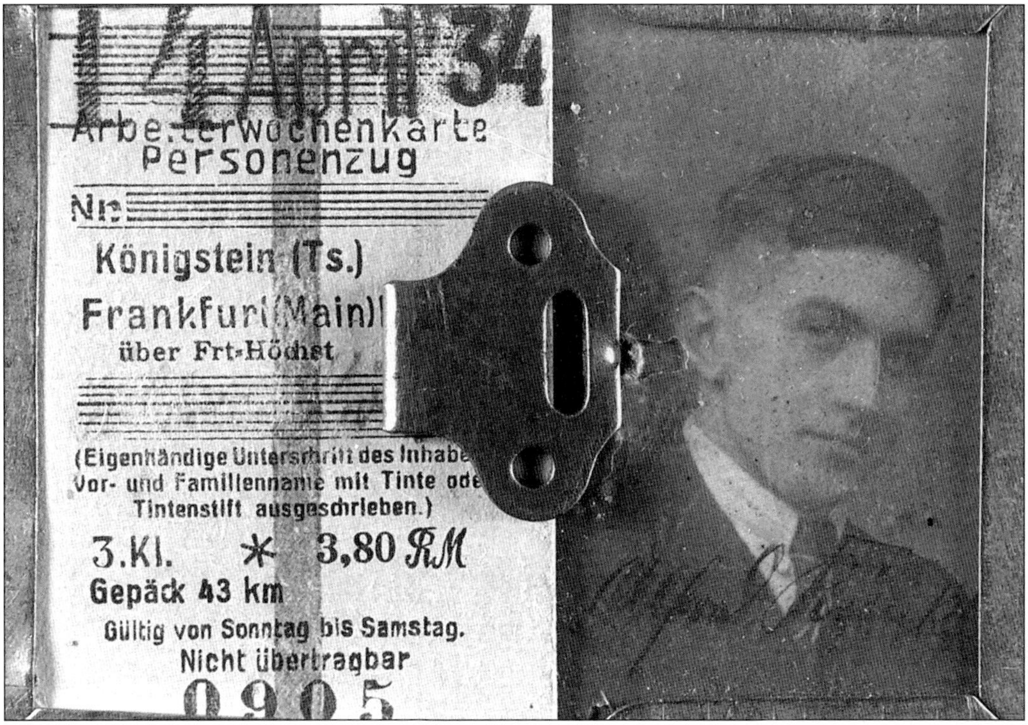

Ein glücklicher Zufall wollte es, dass diese Wochenkarte aus dem Jahre 1934 von Alfred Krönke bis heute erhalten ist.

Der alte Wasserturm in Höchst. Davor erkennt man die Lok 262 mit dem Berufszug im Jahre 1963.

Langsam geht die Dampflokzeit zu Ende. Der alte Lokschuppen, Lok und Wagons im Königsteiner Bahnhof, um die gleiche Zeit.

Unwiederbringlich vorbei! Nur einmal im Jahr, an Pfingsten, kann man auch heute noch Dampflokromantik erleben, und die Liebhaber alter Eisenbahnen kommen voll auf ihre Kosten.

2

Die Pioniere im Frankfurter Hausgebirge

„Durch zufällige Anregung, so wie in zufälliger Gesellschaft stellte ich manche Wanderungen nach dem Gebirge an, das von Kindheit auf so fern und ernsthaft vor mir gestanden hatte. So besuchten wir Homburg, Kroneburg, bestiegen den Feldberg, von dem uns die weite Aussicht immer mehr in die Ferne lockte. Da blieb denn Königstein nicht unbesucht ...“ So lesen wir bei Johann Wolfgang von Goethe in seinem sechsten Buch von „Dichtung und Wahrheit“, und er nennt dazu das Frühjahr 1765. Rund einhundert Jahre später war es ebenfalls ein Frankfurter, der Mundartdichter Friedrich Stoltze, der den Taunus in Gedichten und in seiner humorvollen Novelle „Die Flucht von Königstein“ bekannt machte. Bis zu seinem Tod im Jahre 1891 war er fast jedes Jahr in Königstein und im Taunus zur Kur und Erholung. Landhäuser und Villen des Frankfurter Großbürgertums wurden insbesondere in Königstein, Kronberg und Falkenstein errichtet, und der Besucherstrom aus Frankfurt und dem Rhein-Main-Gebiet ist noch heute ungebrochen.

Die Festungsruine Königstein zur Goethe-Zeit. Im Jahre 1803 entstand eine Serie von Taunusburgen des Malers und Kupferstechers Georg Melchior Kraus. Es ist die wohl malerischste Ansicht der alten Burgruine.

Der junge Goethe, der im Alter von 16 Jahren nach überstandener Krankheit erste Ausflüge in die umliegenden „Luftörter“ unternahm.

So ähnlich – wie auf diesem 200 Jahre später entstandenen Foto – dürfte auch Goethe den Brunhildisfelsen auf dem Großen Feldberg erlebt haben.

Das alte Goethe-Haus in Frankfurt, wo er seine Jugend verbrachte, in einer Hertel-Fotografie aus dem Jahre 1878.

Hier im Königsteiner Hotel „Pfaff" soll Goethe seinen Namen in eine der Fensterscheiben geritzt haben. Der Hotelier ließ die Scheibe herausnehmen und sichern – jedoch sie ist bis heute verschwunden.

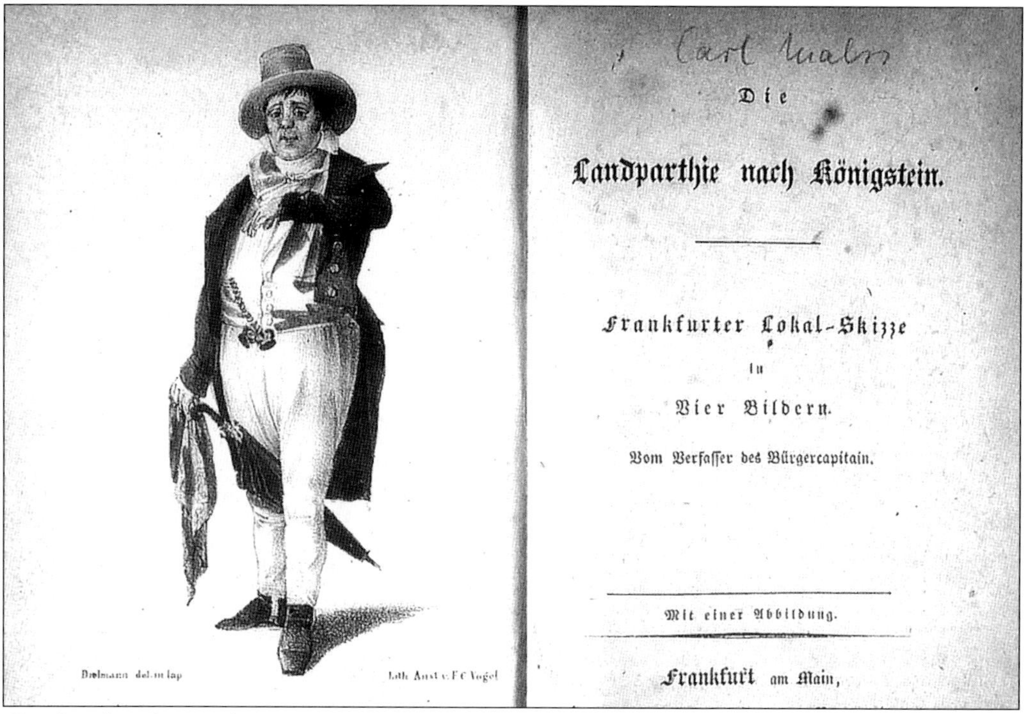

„Die Landparthie nach Königstein" war ein oft gespieltes Frankfurter Volksstück. In der Urform ist Schauspieler Hassel als Herr Hampelmann zu sehen.

Kupferstich aus einer Frankfurter Modezeitung von 1830. Zwei vornehm gekleidete Damen flanieren über die Frankfurter Straße in Königstein.

Die berühmte „Schifffahrt nach Königstaa", in Erinnerung an den Untergang des Raddampfers „Freie Stadt Frankfurt" im Jahre 1827, führte im August 1828 dieses imposante Gespann in den Taunus zur Königsteiner Kerb.

Die Aussicht vom Großen Feldberg, der damals noch nicht zugewachsen war, zog viele Freunde aus Frankfurt und Umgebung an. Er war und ist noch heute der Hausberg dieser Stadt.

Friedrich Stoltze, Frankfurter Mundartdichter, dem die Stadt Königstein die auf wahren Erlebnissen beruhende Novelle „Die Flucht von Königstein“ verdankt, weilte dort von 1859 bis 1860 zur Kur.

Im Herbst des Jahres 1859 kamen er und seine Frau Mary im Hotel „Pfaff“ an. Sie mussten aber, „da er Vaterfreuden entgegen sah“, bald in eine Privatwohnung gegenüber, in der Hauptstraße 5, umziehen. Foto Schilling.

Stoltzes Arzt und Freund, Medizinalrat Dr. Georg Pingler, der ihn mit einer erfolgreichen Wasserkur wieder „auf die Beine brachte". Foto Schilling.

Pinglers Kuranstalt im Billtal erfreute sich, im Jahre 1851 gegründet, wachsender Besucherzahlen. Foto Schilling.

Carl Friedrich Mylius, Frankfurter Fotograf und Zeitgenosse Stoltzes, machte dieses erste Königsteiner Straßenfoto im Jahre 1860. In der Mitte ist Stoltzes Wohnung in der Hauptstraße 5 zu erkennen das Haus hinter dem erdgeschossigen Gebäude.

Stoltzes Weg führte durch die hintere Hauptstraße ins „alte Rathaus“, um dort seinen Nachwuchs anzumelden.

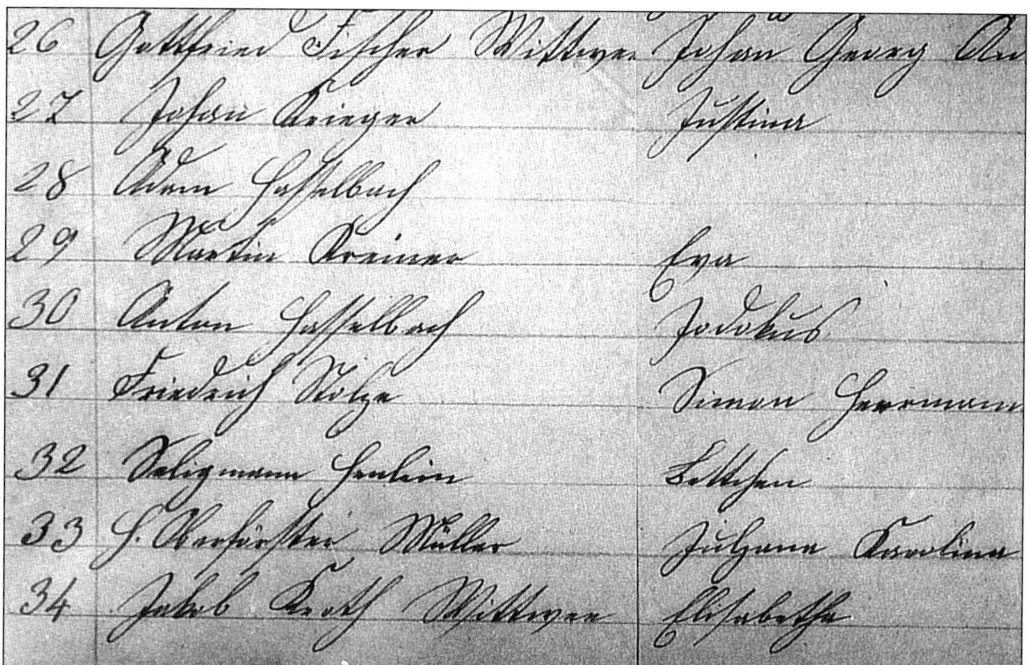

Unter der Nr. 31 wurde Stoltzes Sohn, Simon Herrmann, eingetragen. Dass der Beamte „Stolze“ schrieb, ist bis heute noch niemandem aufgefallen!

Die Tür zu Stoltzes Schlafzimmer in der Hauptstraße 5 „mit dem bedeutenden Riss“ hat Stoltze genau beschrieben. Der Verfasser barg das damals noch vorhandene historische Stück beim Abbruch des Hauses im Jahre 1984.

Dei Lied, es hat mer recht gefalle,
Nor hast De dich geduckt so sehr,
Ob Spatze odder Nachtigalle,
's kimmt all von aanem Schepfer her.

Die edle Senger all, ich lieb se,
Die uff dem Kennel, die im Hain;
Un ob se singe odder biebse,
Wer werd dann so empfindlich sein?

Du host e Maul net um ze schweihe,
Sonst weer dersch net so schee geschlitzt.
Drum werd derr Gott dei Versch verzeihe,
Wann Du en recht von Herze bittst.

Zwar duhn se derr e bissi holpern,
Doch, liewer Hummel, nor Geduld!

Da draa is blos die Chaussée schuld.

Merr sellt deß doch dem Bauamt sage,
Deß mecht doch odder gar nix recht!
Vielleicht lichs aach die Schuld am Wage,
Und 's is gewiß e Fedder schlecht.

Doch mach dadriwwer derr kaa Grille,
Du hast emol die Sach browirt . . . . .
Ich dank derr for Dein gute Wille
Hiemit gehorschamst un gerihrt.

Un waß De derr hast leide misse
Von falsche Mensche in der Stadt,
Deß hat aam widder recht bewisse
Daß Frankfort gar kaan Kunstsinn hat!

6 6

Frankfurter Krebbel-Zeitung,

unverantwortlich redigirt und verfaßt von

Neunter Friedrich Stoltze. Jahrgang.

Nach seiner geglückten Flucht, er hatte sich, wie so oft, kritisch gegenüber der Obrigkeit geäußert, widmete Stoltze diese Ausgabe seiner „Frankfurter Krebbelzeitung“ der Stadt Königstein.

Im Jahre 1889 erschien von ihm ein Gedicht über die neue Königsteiner Wasserleitung, hier bei der Verlegung, das er in der „Frankfurter Latern" veröffentlichte. Er fürchtete, dass die Königsteiner Wirte jetzt heimlich den „Äbbelwoi" verdünnen könnten.

Auch das traditionsreiche Hotel „Pfaff" gibt es nicht mehr. Nach dem Ersten Weltkrieg war es von Franzosen besetzt und wurde, da stark ruiniert, 1929 abgebrochen. Heute befindet sich an dieser Stelle ein großer Parkplatz. Foto Kehrer.

Die Frankfurter setzten Stoltze, der 1891 starb, im Jahre 1896 ein Denkmal auf dem Hühnermarkt. In diesem Jahr wäre der Dichter 80 Jahre alt geworden.

In Königstein hatten ihm bereits im Jahre 1860 seine Frankfurter Freunde ein Denkmal gestiftet. Das „Stoltzes Plätzi“ im Billtal verweist auf den Lieblingsaufenthalt des Dichters. Foto Luib.

Andere Frankfurter „zogen nach“: Der bekannte Zeichner und Maler Albert Hendschel (1834-1883) nahm 1871 einen längeren Aufenthalt in Falkenstein.

Die Ankunft und das Wiegen der Kurgäste auf der Sackwaage schildert er mit authentisch-köstlicher Situationskomik.

Der Nachbartisch im „Frankfurter Hof“, wo Hendschel logierte.

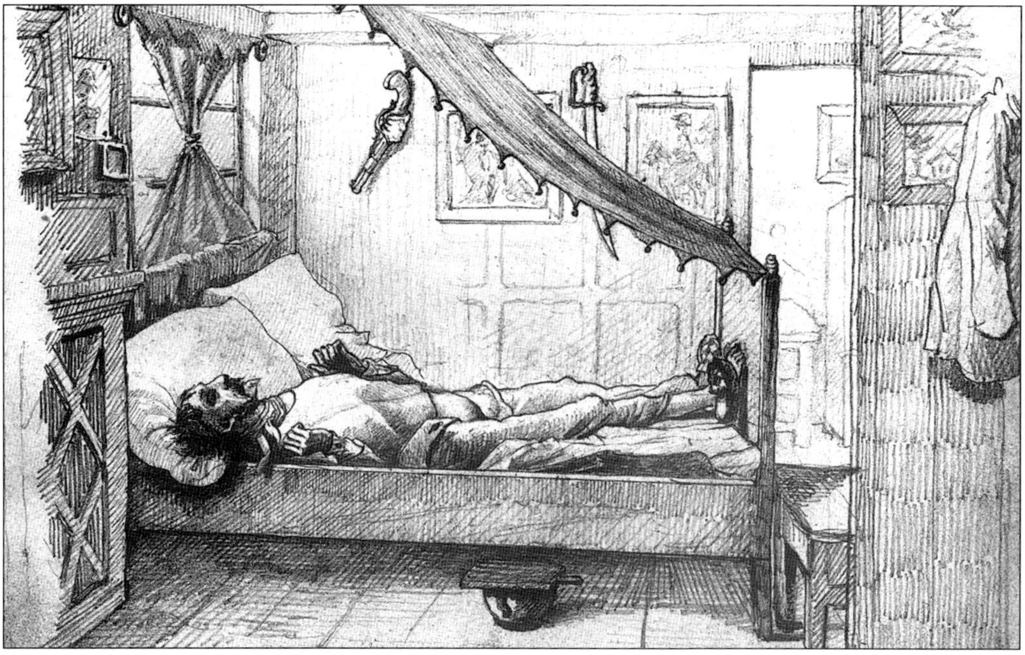

Auch die Zeichnungen des am 27. August 1872 verstorbenen Feldschütz geben Zeugnis von seinem Interesse am ländlichen Leben. Die Glasplatten mit den Zeichnungen fanden sich im Nachlass von Franz Schilling.

Auch das rumänische Königspaar residierte damals im Königsteiner Hotel „Pfaff“. Die Königin (1843-1916) verfasste unter dem Namen „Carmen Sylva“ zahlreiche Romane, Novellen und Gedichte.

In Kronberg hatte Kaiserin Viktoria, die Mutter von Kaiser Wilhelm II., ihren prächtigen Witwensitz im Schloss Friedrichshof eingerichtet. Foto Schilling.

Der Frankfurter Bankier Albert Andreae errichtete in Königstein auf dem Geisberg ebenfalls eine prächtige, schlossartige Villa. Um 1895 fertig gestellt, bezog sie den früheren Bau der Villa Bächle mit ein.

Auch das Königsteiner Kurhaus entstand aus der alten Villa der Bankiers-Familie Borgnis. Es trägt heute wieder ihren Namen. So haben Frankfurter Bürger im 19. Jahrhundert den Taunus mit beispielhaften Gebäuden geprägt.

3

Gipfelstürmer und Gastronomen

Der Taunus ist ein Naherholungs- und Ausflugsziel mit den vielfältigen Möglichkeiten eines von der Natur und dem Klima reich beschenkten Mittelgebirges. Es ist besonders der südliche Taunus um das Feldberggebiet, der immer wieder aufs Neue die Besucher anzieht. Viele von ihnen wollen hoch hinaus, Gipfelstürmer, die zu den Höhen drängen. Seit Generationen immer wieder aufs Neue. An den Wegen dorthin, an Kreuzungen und Pässen entstanden im Laufe der Zeit Versorgungsstationen, die sich zu einer aufwändigen Gastronomie weiterentwickelten. Hier kehrt der Wanderer ein, und wo es am besten schmeckt, das spricht sich schnell herum. Vor allem Lokalitäten mit Biergärten im Freien haben es dem Touristen, zu Fuß oder mit dem Auto unterwegs, angetan. Kurzum, den Gipfelstürmern und Gastronomen ist dieses Kapitel gewidmet, das auch einmal die Veränderungen in diesem Bereich innerhalb von rund einhundert Jahren aufzeigen soll.

Das erste Feldberghaus wurde auf Initiative des Frankfurter Verlegers und Mitbegründers des Taunusclubs, August Ravenstein, im Jahre 1860 errichtet. Jetzt gab es dort auch Übernachtungsmöglichkeiten sowie eine dauernde Bewirtschaftung für die Taunustouristen.

Der erste Feldbergturm wurde als Aussichtsturm von 1901 bis 1902 errichtet. Die Spitze des Turmes lag 916 Meter über dem Meer. Ein Foto von Franz Schilling aus dem Jahre 1907.

Im gleichen Jahr unternahm dieser Wanderverein seine „Achte Fahrt auf den Großen Feldberg“, wie die Rückseite des Fotos ausweist.

Bequemer hatte man es natürlich mit der Kutsche. Vor dem Feldbergturm entstand dieses Foto am 15. August 1906.

Beim ersten Umbau des Feldberghauses wurde der Aussichtsturm entfernt und das Wirtschaftsgebäude in den Hotelbetrieb mit einbezogen. Foto: Römmler und Jonas, 1890.

Der Bau weiterer Feldberghäuser sollte bald folgen. Hier der Umbau des „Feldberghofs“. Noch ist er eingerüstet, steht jedoch kurz vor der Fertigstellung.

Die Betreiberfamilie und das Personal des neuen Hauses.

Darauf genehmigt sich auch der Koch einen kräftigen Schluck.

In den Jahren 1937 bis 1939 wurde der große Feldbergturm errichtet. Von der Baustelle aus hat man einen guten Blick auf den umgebauten „Feldberghof".

Nochmals die Baustelle in schwindelnder Höhe. Beide Privatfotos machte Alfred Krönke.

Zulieferdienste besorgte die Firma Sturm & Co. aus Niederreifenberg. Sie hatte den entsprechenden Fahrzeugpark anzubieten.

Der Große Feldberg, 881 Meter über dem Meer, in einer Luftaufnahme von 1940.

Der große Turm diente im Zweiten Weltkrieg der Luftwaffe als Störsender und wurde im Februar 1945 erfolgreich von den Amerikanern bombardiert.

Auch der kleinere Aussichtsturm wurde durch Kriegshandlungen in Mitleidenschaft gezogen. Beide Fotos machte Karl Winterer bei einer Osterwanderung im Jahre 1949.

Im Jahre 1950 baute man beide Türme wieder auf, und bald hatten sie und das Plateau wieder das Aussehen, das wir heute noch gut in Erinnerung haben. Das Foto stammt von Walther Schilling.

Der kleine Feldberg ist mit einer Höhe von 826 Metern über dem Meer der „stillere Bruder“ des Großen. Hier lockt kein Gastronomiebetrieb.

Ein Observatorium und eine Erdbebenwarte versehen hier ihren Dienst. Foto Walther Schilling.

Hier am Fuchstanz kreuzten sich schon vor Jahrhunderten die Wege. Die erste bekannte Fotografie von Carl Pfisteter, die er um 1890 aufgenommen hat, zeigt eine Bewirtschaftung mit kleinen Kanonenöfen, um den Wanderern eine warme Mahlzeit anzubieten. Daneben hatte man auch Lauben errichtet.

Doch bald „erwachte“ die erste Sommerwirtschaft, aus der sich eine permanente Gastronomie entwickelte.

Das benötigte Wasser besorgte man sich mit einem Hundefuhrwerk: Im Sommer auf Rädern und im Winter mit einem Schlitten.

Der Fotograf ist da! Nur nicht wackeln, denn die Aufnahme wird für ein Postkartenmotiv gebraucht.

Hier tanzten tatsächlich die Füchse: Das alte, handgemalte Schild fotografierte Franz Schilling.

Das Angebot umfasste Dickmilch, Schmorbraten, Tagessuppe, Heidelbeer- und Streuselkuchen.

So blieb es nicht aus, dass man auch den „ersten Afrikaner“ herzlich begrüßen konnte.

Philipp Lück aus Frankfurt fotografierte oft auf dem Fuchstanz und stellte in der Gastwirtschaft dort auch die Bilder aus. Hier eine Aufnahme vom Winter 1927.

Eine weitere Sommerwirtschaft hat sich hoch über Falkenstein nahe dem Lipstempel etabliert. Gruß vom „Café Rübezahleiche“.

Den Pass am „Roten Kreuz“ hatten schon vor 2.000 Jahren die Römer besetzt. Um 1900 entstand das Foto der alten Gaststätte von Franz Schilling.

Das Wirtshaus „Reichenbachtal“ ...

... mit seiner rustikalen Einrichtung.

Im Tal gleichen Namens hatte es eine landschaftlich einmalige Lage. Abends wurden dort Petroleumlampen angezündet. Wirtshausromantik pur, die längst Vergangenheit ist.

Auf dem Kellerskopf errichtete der Rhein- und Taunusclub vor über 100 Jahren einen prächtigen Aussichtsturm. 1989 wurde er gründlich renoviert und ist heute, neben der gepflegten Gastlichkeit, wieder zugänglich.

Die Unterkunftshütte am Pferdskopf bei Brombach der „Naturfreunde Ortsgruppe Frankfurt" wurde gerne besucht.

Am Sandplackenpass hatten die Römer ebenfalls, wie am „Roten Kreuz“, ein Kastell errichtet. Um 1900 bot diese Hütte dem Wanderer Schutz vor plötzlichen Wetterumstürzen.

Sie erfreut sich noch heute, 70 Jahre nach dieser Aufnahme, größter Beliebtheit. Das Foto der alten Gaststätte stammt von Franz Schilling.

Die Schutzhütte „Hohemark-Saalburg“ am 20. Oktober 1929.

Der Quell an der Uhlandsruhe, 1911 gefasst, bot Erquickung und Rast auf den Bänken des „Taunusclub Oberursel“.

4
Ein Streifzug durch die Geschichte

Dieses Kapitel kann und soll nur ein Streifzug sein! Denn vielfältig ist die Historie des Taunus, der mit den Ansiedlungen der Kelten um 500 v. Christus geschichtlich greifbar erscheint. Die nachfolgende Römerzeit hat ihre Spuren mit dem Limes, seinen Türmen und zahlreichen Kastellen, hinterlassen. Sie sind heute zum Teil im Wald noch sichtbar und mit dem Wiederaufbau der Saalburg eindrucksvoll dargestellt. Die zahlreichen Burgen künden von der Zeit des Mittelalters und waren Keimzellen späterer Schlösser und Festungen. Hierfür sind das Homburger Schloss und die Festung Königstein beispielhaft. Städte und Dörfer wurden gegründet, doch manche Rodung im Wald, hoffnungsfroh begonnen, ist im Dreißigjährigen Krieg wieder untergegangen. Auch auf den Zeiten, als man vor mehr als 150 Jahren erste Kur- und Erholungsmöglichkeiten im Taunus zu schaffen begann, liegt schon längst der Hauch von Nostalgie.

Sagenumwoben und im Dunkel der Geschichte: Auf dem Großen Feldberg fand Siegfried Brunhilde schlafend auf einem Felsen. Der Brunhildisfelsen bekam so seinen Namen.

Der Altkönig, Fluchtburg und Fürstensitz. Noch heute sind die Steinmassen der von den Kelten in vorchristlicher Zeit erbauten Ringwallmauern zu sehen.

An der Saalburg, dem wiederhergestellten, großen Römerkastell …

… legte man am 11. Oktober 1900 den Grundstein des Praetoriums.

Kaiser Wilhelm II. nahm die Grundsteinlegung persönlich vor und zeigte sich begeistert von der Idee des Wiederaufbaus der alten römischen Befestigungsanlage.

Die Burg Kleeberg stammt in ihrem ältesten Teil aus dem ersten Viertel des 12. Jahrhunderts.

Aus der gleichen Zeit stammt die Burg Idstein, die zur Residenz des alten Nassauischen Fürstenhauses wurde. Sie wurde später als Staatsarchiv des Regierungsbezirkes Wiesbaden genutzt.

Der Ort Neuweilnau, unterhalb des Schlosses über dem Weiltal gelegen.

Das „Vorderhaus“ des Schlosses. Neuweilnau wurde im Jahre 1302 durch Graf Eberhard IV. von Diez erbaut. Das Foto stammt von Walther Schilling.

Die Burgruine Eppstein blickt auf eine Geschichte zurück, die bis zum Beginn des 12. Jahrhunderts reicht.

Ebenso geschichtsträchtig, aber nur in Mauerresten im Wald bei Reifenberg erhalten, ist die um 1200 erbaute Raubritterburg Hattstein.

Die Burgruine Reifenberg ist die höchst gelegene Anlage dieser Art im Taunus und wurde im 12. Jahrhundert angelegt.

Die Kirchenruine Landstein war die Pfarrkirche des im Dreißigjährigen Krieg verwüsteten Dorfes im Weiltal.

Der Rettershof, unweit von Königstein gelegen, ist ein beliebtes Ausflugsziel. Er steht auf den Resten eines 1146 gestifteten Augustinerklosters.

Der alte Falkensteiner Friedhof, Dorf und Burgruine auf einer der ältesten Taunusfotografien eines anonymen Fotografen, um 1868.

Das Grabmal von Hartmut XII., gestorben 1549, und seiner Frau Anna, die zwei Jahre später starb, in der Burgkapelle von Kronberg.

Die alte Kronberger Burg befindet sich unmittelbar über der Stadt gleichen Namens und ist eine der schönsten Anlagen ihrer Art.

Malerische Ansicht der engen Gassen Eppsteins. Darüber thront die romantische Burgruine.

Das Obertor, Teil der Stadtbefestigung von Bad Camberg, wirkt wehrhaft und trutzig. Camberg erhielt 1281 von König Rudolf seine Stadtrechte.

Der „Österreichische Durchbruch" auf der Festung Königstein soll angeblich in einer Nacht durch zum Teil gewachsenen Fels gesprengt worden sein.

Schlossteil der erstmals im Jahre 1215 erwähnten Festungsruine Königstein mit dem mächtigen Bergfried. Die Baugeschichte dieser großartigen Anlage birgt noch viele Geheimnisse.

Das älteste Pfarrhaus Deutschlands stammt noch aus dem Mittelalter und liegt über dem Weiltal in Weilrod.

Alte Fachwerkhäuser in Anspach. Eine Dorfidylle um 1920.

Die Dorfkirche von Merzhausen mit ihrem barocken Glockenturm. Alle vorangegangenen Fotos stammen aus dem Landschaftsverlag Schilling.

Schlossborn, in seiner ältesten Fotografie von Felix Luib aus dem Jahre 1897, blickt heute auf eine über 1000-jährige Vergangenheit zurück.

Hier wird Wasser geholt. Szene vor dem Kronberger Eichentor.

Hier die gleiche Handlung vor dem Alten Rathaus in Königstein. Beide Aufnahmen stammen von Franz Schilling, um 1900.

Der Marktplatz und das Rathaus in Oberursel im Jahre 1904. Die Geschichte der Stadt ist bis in die Karolingerzeit belegt.

Historisierende Nachbauten aus Holz und Pappe vor dem Rathaus in Falkenstein. Die Ehrenpforte wurde für den Kaiserbesuch errichtet.

Das Dorf Schönberg wurde 1897 mit Blick auf Schloss Friedrichhof von Felix Luib aufgenommen.

Die alte Heilanstalt von Dr. Dettweiler in Falkenstein auf einem ersten Foto von Carl Friedrich Mylius.

Die städtisch-ländliche Idylle in Bad Homburg wurde von der Eisenbahn aus fotografiert.

Das Bad Homburger Kurhaus war das schönste und größte seiner Art im Taunus. Beide Fotos stammen von Römmler und Jonas, 1890.

5

Die vergessene Sommerresidenz

Durch die Auflösung des Kurmainzer Kirchenstaates mit dem Reichsdeputationshauptschluss 1803 fielen Teile desselben an das Herzogtum Nassau. Die Residenz des Fürstentums war in Biebrich im herzoglichen Schloss. Die fürstliche Familie verfügte außerdem noch über manchen privaten Streubesitz im alten Herzogtum. Dieser wurde durch den Ankauf des ehemaligen Kurmainzer Amtshauses in Königstein, das einst auch vom Erzbischof als Sommerresidenz genutzt wurde, vermehrt. Damals in Besitz des Frankfurter Kaufmanns Dörr, gelangte es 1858 in die Hände des nassauischen Herzogpaares. Der Herzenswunsch von Herzogin Adelheid-Marie war, dieses in einem herrlichen Park gelegene Anwesen zu einer eigenen Sommerresidenz auszubauen. Nirgendwo hat sie sich wohler gefühlt, als auf ihrem Schloss in Königstein. Heute führt dieses bauliche Kleinod, in dem das Königsteiner Amtsgericht untergebracht ist, ein Schattendasein. Es ist nur noch wenigen Menschen bewusst, mit welchen Personen und Ereignissen dieses Gebäude verbunden ist und welche Bedeutung es einst hatte.

Schloss Biebrich, die prächtige, ehemals Herzoglich-Nassauische Residenz. Das Foto machte Felix Luib im Jahre 1887.

Das Herzogspaar Adolph und Adelheid-Marie von Nassau. Herzog Adolph wurde 1889 durch Erbfolge Großherzog von Luxemburg und Begründer dieser königlichen Linie.

Das Jagdschloss Platte, von 1822 bis 1824 für den Vater Herzog Adolphs, Wilhelm von Nassau, erbaut, wurde im Zweiten Weltkrieg zerstört. Es befindet sich als baulich gesicherte Ruine in trostlosem Zustand.

Die ehemalige Schule in Königstein wurde dem dortigen Schlosskomplex als so genanntes „Cavalierhaus“ eingegliedert.

Das Schloss Königstein, hier eine Aufnahme in seiner Glanzzeit, wurde später als „Luxemburger Schloss“ bezeichnet. Doch der alte Name „Königstein“ steht heute noch, wie einst, an seiner Westfassade.

Großherzogin Adelheid-Marie hat Besuch von ihrer Schwester erhalten. Sie stammen aus dem Fürstenhaus Anhalt-Dessau. Dessen Wappen befindet sich ebenfalls am Schloss und auch der Bär als Wappentier hat dort seinen Platz.

Hund „Jumbo" darf sich freuen. Da ist wohl eine fürstliche Belohnung fällig!

Die Innenräume des Schlosses waren königlich eingerichtet.

Wertvolle Gemälde und ausgesuchte Antiquitäten gehörten zum Inventar.

Ein herrlicher Renaissanceschrank und alte chinesische Porzellane schmückten diesen Raum.

Im „Kleinen Salon“ empfängt man seine Gäste.

Eine Gemäldeausstellung im Atelier neben dem Marstallgebäude.

Die Großherzogin und königliche Hoheit war eine begeisterte Malerin und hatte eine vorzügliche künstlerische Ausbildung erhalten. In Königstein zählte der bekannte Maler Professor Philipp Rumpf zu ihren Lehrern.

Die Enkelinnen, Prinzessinnen aus dem luxemburgischen Haus, sind in Königstein angekommen.

Zusammen mit Königsteiner Kindern feierten sie ein großes Kinderfest mit reichhaltiger Bewirtung, bestehend aus Kuchen und Schokoladengetränken.

Zwei spätere Aufnahmen im Park vor dem Schloss. Die Prinzessinnen beim Kricket-Spiel.

Hier im Kreise der Familie, mit Hofdamen und Erzieher.

Reiten ist angesagt! Im großen Marstall des Schlosses, der heute zum Königsteiner Rathaus umgebaut ist, standen zahlreiche edle Pferde.

Großherzogin Adelheid-Marie mit ihren Enkelinnen Marie-Adelheid, Hilda, Charlotte und Antonie von Luxemburg.

Nach dem Tod von Großherzogin Adelheid-Marie im Jahre 1916 wurde es still auf Schloss Königstein und es gab keine Besuche des europäischen Hochadels mehr, wie hier von der deutschen Kaiserin mit Prinz Wilhelm und Prinzessin Victoria-Luise im Jahre 1907.

Hier noch einmal das komplette Schlossgelände mit seinen Nebengebäuden und der Hofgärtnerei. Alle in Königstein aufgenommenen Fotos stammen von den Fotografen Kehrer und insbesondere Schilling.

Hilda von Nassau, die am 5. November 1864 geborene Tochter des Herzogspaares, heiratete 1885 den Erbgroßherzog Friedrich von Baden. Sie machte der Stadt Königstein die historische Festungsruine im Jahre 1922 zum Geschenk und besuchte noch bis in die Fünfzigerjahre die Stadt.

6

Fotografien im Licht der Jahreszeiten

Natürliches Licht an trüben oder hellen Tagen, das frühe oder späte Licht von Morgen und Abend und die sich dadurch wandelnden Stimmungen der Landschaft Taunus forderten immer wieder Fotografen zu besonderen Aufnahmen heraus. Waren Mylius und später auch Hertel bei ihren Arbeiten auf helle Sonne und starke Kontraste angewiesen, so konnten die späteren heimischen Fotografen Schilling und Kehrer „vor Ort" die gegebenen Lichtverhältnisse spontan nutzen. Durch besondere Ausarbeitung auf entsprechende Papiere sowie mit speziellen Positivverfahren, konnten sie die einmal gemachten Fotos sozusagen „auf den Punkt bringen". Schwarz-weiß war diese Kunst und uns, die wir heute alles in Farbe verlangen und auch wahrnehmen, bereitet die Beurteilung dieser Aufnahmen sichtlich Schwierigkeiten, obwohl wir uns ihrem besonderen Reiz nicht entziehen können.

Die ersten Taunusfotos aus dem Jahre 1860 von C.F. Mylius, wie hier bei Falkenstein, zeigen noch die Abhängigkeit vom hellen Sonnenlicht. Ein Wetterumschwung hätte die Kampagne mit der Nassplattenkamera zunichte gemacht.

„Vorfrühling im Köpperner Tal“ von Franz Schilling.

„Baumblüte mit Blick auf Kronberg“ von Walther Schilling.

„Schafherde in der Morgensonne“ von Karl Kehrer.

„Abendfrieden“ von Franz Schilling, 1907.

„Morgennebel im Taunus“ von Walther Schilling.

„Spätherbst am Bangert“ erinnert an alte englische Landschaftsfotografie.

„Kronberg im Frühnebel". Beide Aufnahmen stammen von Walther Schilling.

Vom Lipstempel aus fotografiert: Im Herbst hält sich der Nebel manchmal den ganzen Tag. Nur die beiden Burgen Falkenstein und Königstein sind noch zu sehen.

Eine Sichtschneise zur Burg Königstein, gesehen von Franz Schilling.

Von ihm stammt auch das Motiv „Alter Hof“ in der Königsteiner Altstadt.

Der herbstliche Oberreifenberg im Dunst der Jahreszeit.

Fast die gleiche Stimmung in Königstein wurde von Franz Schilling um 1900 aufgenommen.

Burgbeleuchtung und Feuerwerk zum Geburtstag von Herzog Adolph. Dies ist die älteste Aufnahme einer solchen Aktion von Franz Schilling aus dem Jahre 1894.

Hier liefert die Naturgewalt den Blitz! Seltenes Foto eines nächtlichen Gewitters auf dem Großen Feldberg.